AF466472

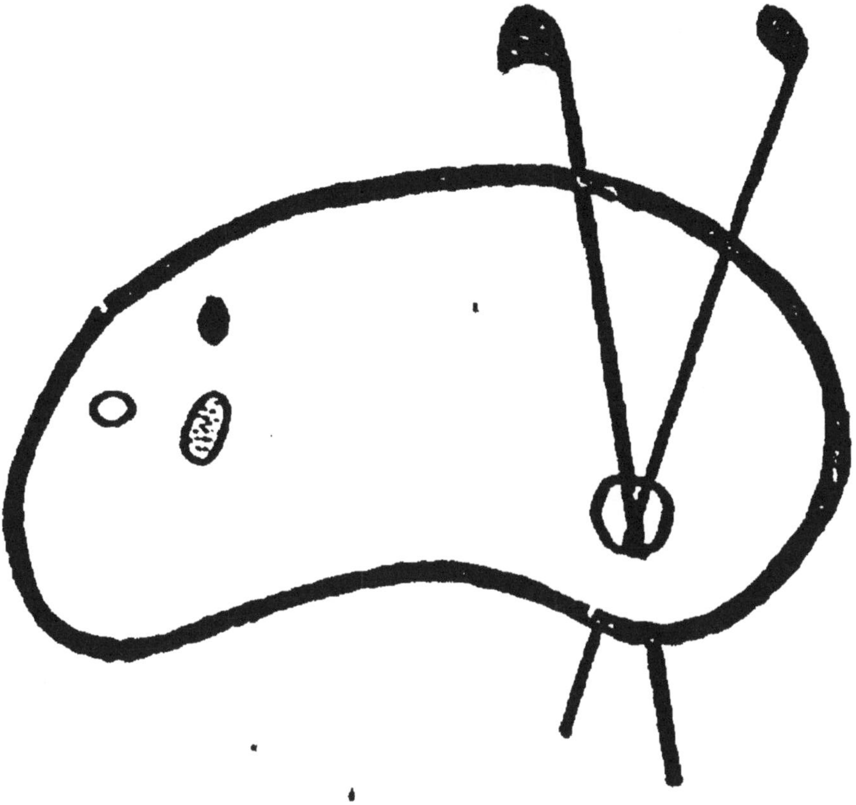

JURISPRUDENCE ET COMPÉTENCE

DE

L'AUTORITÉ JUDICIAIRE

EN MATIÈRE CONTENTIEUSE

DE CONTRIBUTIONS DIRECTES, DE TAXES Y ASSIMILÉES

ET DE TAXES COMMUNALES

Par A. BÉLOT

ANCIEN AVOUÉ
JUGE SUPPLÉANT AU TRIBUNAL CIVIL DE LOUHANS

LIBRAIRIE ADMINISTRATIVE BERGER-LEVRAULT ET Cie

PARIS
5, RUE DES BEAUX-ARTS

NANCY
RUE DES GLACIS, 18

1897

NANCY, IMPRIMERIE BERGER-LEVRAULT ET Cie

JURISPRUDENCE ET COMPÉTENCE

DE

L'AUTORITÉ JUDICIAIRE

EN MATIÈRE CONTENTIEUSE

DE CONTRIBUTIONS DIRECTES, DE TAXES Y ASSIMILÉES

ET DE TAXES COMMUNALES

NANCY, IMPRIMERIE BERGER-LEVRAULT ET Cie

JURISPRUDENCE ET COMPÉTENCE

DE

L'AUTORITÉ JUDICIAIRE

EN MATIÈRE CONTENTIEUSE

DE CONTRIBUTIONS DIRECTES, DE TAXES Y ASSIMILÉES

ET DE TAXES COMMUNALES

Par A. BÉLOT

ANCIEN AVOUÉ

JUGE SUPPLÉANT AU TRIBUNAL CIVIL DE LOUHANS

LIBRAIRIE ADMINISTRATIVE BERGER-LEVRAULT ET Cie

PARIS | NANCY
5, RUE DES BEAUX-ARTS | RUE DES GLACIS, 18

1897

AVANT-PROPOS

« Les fonctions judiciaires sont distinctes et demeureront toujours séparées des fonctions administratives : les juges ne pourront, à peine de forfaiture, troubler, de quelque manière que ce soit, les opérations des corps administratifs, ni citer devant eux les administrateurs pour raison de leurs fonctions. »

Ce principe posé dans le titre II, article 13, du décret des 16-24 août 1790 sur l'organisation judiciaire a été confirmé par la loi du 16 fructidor an III (2 septembre 1795) faisant « itératives défenses aux tribunaux de connaître des actes d'administration, de quelque espèce qu'ils fussent », et par la constitution de 1848 qui a rapporté dans son article 19 que « la séparation des pouvoirs est la première condition d'un gouvernement libre. »

Quant à l'autorité administrative, l'arrêté des Consuls du 12 brumaire an XI (3 novembre 1802) lui attribue la surveillance de la perception des contributions et le contentieux relatif au recouvrement entre le contribuable et le percepteur.

Lorsqu'un conflit d'attributions se produit, le préfet

prend un arrêté de conflit qui a pour effet de suspendre l'action de l'autorité judiciaire jusqu'à ce que le Conseil d'État se soit prononcé sur la question de compétence. Si dans le délai de quinzaine (art. 10 de l'ordonnance de 1828), il n'est pas déposé d'arrêté de conflit au greffe, les tribunaux peuvent se déclarer compétents, sauf recours à la Cour de cassation qui est chargée de maintenir l'unité dans la jurisprudence.

Si les questions de compétence présentent un certain intérêt, la jurisprudence n'est pas moins intéressante à étudier; ainsi, sans avoir la prétention de résoudre toutes les difficultés qui peuvent se présenter en matière de contentieux relatif aux contributions, il nous a paru qu'il ne serait pas sans utilité de dégager de la doctrine et de la jurisprudence les points essentiels et fondamentaux dont s'inspirent les cours et les tribunaux pour se prononcer sur des questions souvent délicates et parfois controversées.

Le décret des 5-18 août 1791 et la loi du 12 novembre 1808 étant fréquemment cités et invoqués, leur reproduction s'imposait en tête de cette étude que nous présentons sous la forme alphabétique.

A. Bélot.

Septembre 1896.

DÉCRET

Relatif au paiement des sommes séquestrées et déposées

(5-18 août 1791.)

L'Assemblée nationale décrète que tous les huissiers-priseurs, receveurs des consignations, commissaires aux saisies réelles, notaires, séquestres et tous autres dépositaires de deniers, ne remettront aux héritiers, créanciers et autres personnes ayant droit de toucher, les sommes séquestrées et déposées, qu'en justifiant du paiement des impositions mobilières et contribution patriotique dues par les personnes du chef desquelles lesdites sommes seront provenues ; seront même autorisés, en tant que besoin, lesdits séquestres et dépositaires, à payer directement les contributions qui se trouveraient dues, avant de procéder à la délivrance des deniers ; et les quittances desdites contributions leur seront passées en compte.

Décrète, en outre, que les règlements ci-devant faits pour la sûreté du recouvrement des impositions personnelles, notamment dans la ville de Paris, relativement aux déclarations que doivent faire les propriétaires et les principaux locataires, seront exécutés provisoirement et tant qu'il n'y aura pas été dérogé.

LOI

Relative au privilège du Trésor public pour le recouvrement des contributions directes.

(12 novembre 1808.)

Article 1er. — Le privilège du Trésor public pour le recouvrement des contributions directes est réglé ainsi qu'il suit et s'exerce avant tout autre : 1° pour la contribution foncière de l'année échue et de l'année courante, sur les récoltes, fruits, loyers et revenus des biens immeubles sujets à la contribution ; 2° pour l'année échue et l'année courante des contributions mobilière, des portes et fenêtres, des patentes, et toute autre contribution directe et personnelle, sur tous les meubles et autres effets mobiliers appartenant aux redevables, en quelque lieu qu'ils se trouvent.

Article 2. — Tous fermiers, locataires, receveurs, économes, notaires, commissaires-priseurs et autres dépositaires et débiteurs de deniers provenant du chef des redevables, et affectés au privilège du Trésor public, seront tenus, sur la demande qui leur en sera faite, de payer, en l'acquit des redevables et sur le montant des fonds qu'ils doivent, ou qui sont en leurs mains, jusqu'à concurrence de tout ou partie des contributions dues par ces derniers. Les quittances des percepteurs pour les sommes légitimement dues leur seront allouées en compte.

Article 3. — Le privilège attribué au Trésor public pour le recouvrement des contributions publiques ne préjudicie point aux autres droits qu'il pourrait exercer sur les biens des redevables, comme tout autre créancier.

Article 4. — Lorsque, dans le cas de saisie de meubles et autres effets mobiliers pour le paiement des contributions, il s'élèvera une demande en revendication de tout ou partie desdits meubles et effets, elle ne pourra être portée devant les tribunaux ordinaires qu'après avoir été soumise, par l'une des parties intéressées, à l'autorité administrative, aux termes de la loi des 23 et 28 octobre-5 novembre 1790.

JURISPRUDENCE ET COMPÉTENCE

DE

L'AUTORITÉ JUDICIAIRE

EN MATIÈRE CONTENTIEUSE

DE CONTRIBUTIONS DIRECTES, DE TAXES Y ASSIMILÉES

ET DE TAXES COMMUNALES

A

Actes de procédure.

Les tribunaux sont incompétents pour statuer sur les difficultés qui s'élèvent entre les contribuables et les percepteurs relativement à l'assiette de l'impôt et à la quotité de leurs contributions, sur le point de savoir s'ils sont ou non débiteurs envers le Trésor public et si c'est à tort ou à raison qu'ils figurent sur les rôles. Mais, si ces contestations sont de la compétence de l'autorité administrative, il n'en est pas de même de l'appréciation en la forme des actes de procédure civile auxquels se livrent les percepteurs pour parvenir au recouvrement de l'impôt, et les tribunaux sont seuls compétents pour connaître de la validité ou de l'invalidité de ces actes.

Avant de réclamer en justice la nullité d'une procédure irrégulière et vicieuse poursuivie contre lui, le contribuable n'a pas besoin d'adresser préalablement un mémoire au préfet, en conformité de l'article 15 de la loi du 5 novembre 1790 dont les dispositions ne sont applicables qu'au cas où ledit contribuable se propose d'intenter une action contre une administration.

Cette mesure préalable ne saurait, en effet, être utilement appliquée à un cas d'urgence, tel que celui d'un contribuable qui n'attaque pas, mais qui, obligé de se défendre contre les actes irréguliers d'une procédure rigoureuse et prompte, invoque l'appui des tribunaux, juges naturels des actes judiciaires, protecteurs légaux du droit des citoyens en pareille matière.

Voir : **Revendication de meubles et objets saisis.**

Actions en répétition.

L'action dirigée contre un ancien maire, en restitution de sommes qu'il aurait indûment touchées sur les deniers communaux, n'est pas de la compétence de l'autorité judiciaire.

Lorsque dans une action en répétition, un ancien percepteur poursuit le recouvrement des contributions, comme simple créancier, à raison d'avances qu'il a dû faire pour le compte personnel d'un contribuable, l'action doit être portée devant les tribunaux, attendu qu'il n'agit pas comme percepteur en exercice.

Voir : **Légalité de l'impôt. — Portes et fenêtres. — Répétition de l'indû.**

Amendes et condamnations pécuniaires.

La loi du 22 juillet 1867 a, par son article 18, abrogé toutes les dispositions des lois antérieures en ce qu'elles ont de contraire à ses prescriptions. Elle a réglé dans son article 3 les formalités qui doivent être observées pour l'exécution de la contrainte par corps. Si elle veut que l'arrestation soit toujours précédée d'un commandement, elle n'a pas reproduit la prescription de l'article 784 du Code de procédure civile et cette omission se comprend aisément puisque le titre de l'exécution est, depuis la loi de 1867, non plus, comme autrefois, le commandement lui-même, mais le réquisitoire du procureur de la République. Dès que le créancier a rempli au Parquet les formalités de l'incarcération dont le soin est uniquement confié au ministère public, à supposer que l'on puisse encore exiger qu'entre le commandement et le réquisitoire il ne se soit pas écoulé une année entière, il ne peut plus du moins être besoin de renouveler le commandement, lorsque le réquisitoire est intervenu avant la péremption dudit acte.

Aucun texte ne permet d'annuler le commandement sous le prétexte que le créancier l'aurait fait donner pour une somme plus forte que celle qui lui est due. Notre droit moderne n'a pas en effet reproduit les peines que le droit romain portait contre la plus-pétition, il a, au contraire, consacré la règle inverse dans l'article 2216 du Code civil, dont la disposition, édictée en matière d'expropriation forcée, est applicable, par identité de motifs, à toute mesure d'exécution.

La contrainte par corps n'étant pas une peine, le principe de non-cumulation de peines, posé par l'article 365 du Code d'instruction criminelle, n'est pas applicable. Les diverses condamnations prononcées contre un individu constituent autant de créances dont les causes sont distinctes et dont l'effet doit, par suite, être assuré par l'exercice de la contrainte par corps qui y est attachée, à la seule condition que la réunion des diverses contraintes ne puisse excéder le délai fixé par la loi elle-même comme le maximum de durée de cette mesure d'exécution relativement au chiffre totalisé des condamnations prononcées.

B

Bois et forêts.

En matière de forêt, les bois ne deviennent des fruits ou revenus réels et mobiliers que par la coupe qui en est faite, lorsqu'ils sont abattus ou détachés du sol; alors seulement ils sont saisissables à titre de fruits.

Si, par le seul fait de l'abatage et à défaut de stipulation contraire, les bois restés sur le parterre de la forêt sont, par une fiction admise, en la possession de l'acquéreur et sa propriété, cet acquéreur qui les détient sans déplacement est alors tenu, comme le fermier et le locataire, de payer l'impôt non acquitté, à la décharge du contribuable, sans que cette fiction puisse nuire au privilège du Trésor.

En principe, les arbres d'une forêt peuvent être l'objet d'une saisie-brandon, s'ils peuvent être assimilés à une récolte. Les arbres d'une sapinière constituent des fruits et rien ne permet de restreindre à tels ou tels fruits les dispositions du Code de procédure relatives à la saisie-brandon. Il suffit en effet de concilier les règles de la procédure en cette matière avec les conditions d'exploitation de la forêt. Dans les bois exploités par coupes jardinatoires il suffit, pour que des arbres puissent être saisis-brandonnés, que leur enlèvement soit conforme à l'aménagement établi ou à la gestion d'un bon père de famille. Ainsi, la coupe réglée d'un bois taillis peut être saisie-brandonnée dans l'année où la coupe doit être faite suivant un usage constant et dans les six semaines qui précèdent l'époque à laquelle le bois peut être coupé.

C

Cercles, sociétés et lieux de réunion.

Voir : **Trésoriers des cercles, etc.**

Commandements.

Lorsqu'il s'agit de statuer sur la validité d'un commandement qui a précédé une saisie et qui est argué de nullité pour vices de formes, cette contestation est du ressort des tribunaux ordinaires.

Les constatations et les mentions imposées par l'article 68 du Code de procédure civile à l'huissier qui ne trouve au domicile ni la partie, ni aucun de ses parents ou serviteurs, sont prescrites à peine de nullité par l'article 70 du même code. Il en est de même pour le visa de l'original par le maire de la commune.

Les porteurs de contraintes qui, aux termes de l'article 18 de l'arrêté du 16 thermidor an VIII, font seuls les fonctions d'huissier pour les contributions directes, sont astreints par les articles 33 et 66 du règlement organique du 21 décembre 1839, à se conformer, pour la rédaction des exploits qu'ils signifient, aux formalités prescrites par ces lois.

Serait conséquemment viciée de nullité la signification d'un commandement, à défaut par le porteur de contraintes d'avoir constaté et mentionné : 1° l'absence du redevable de son domicile, ainsi que de tout parent ou serviteur; 2° le refus par le voisin de recevoir la copie de l'exploit ; 3° le visa par le maire de l'original de cet exploit.

Aucun texte ne permet d'annuler le commandement sous le prétexte que le créancier l'aurait fait donner pour une somme plus forte que celle qui lui est due.

S'il résulte des dispositions du règlement sur la matière que le commandement a lieu non seulement pour le montant des douzièmes échus à sa date, mais pour les douzièmes échus et à échoir jusqu'au paiement, et que, de même, la saisie est faite pour tous les termes échus et à échoir, cette extension ne peut être appliquée lorsqu'il s'agit d'exercices différents constituant des dettes nouvelles et distinctes pour chaque année, chaque rôle formant un titre nouveau.

Voir : **Amendes.** — **Huissiers.**

Commissaires-priseurs.

Voir : **Dépositaires ou détenteurs de deniers affectés au privilège du Trésor. — Séquestres. — Syndics. — Ventes.**

Contrainte par corps.

Voir : **Amendes et condamnations pécuniaires.**

Conventions entre particuliers.

Les contributions ayant été acquittées, le Trésor est sans intérêt dans une contestation qui n'est relative ni à la perception ni au dégrèvement de l'impôt, mais qui a uniquement pour objet l'exécution d'une convention entre particuliers, par suite, les tribunaux peuvent seuls en connaître.

Créancier-gagiste.

Voir : **Privilège.**

Créanciers des communes.

Les règles particulières du droit administratif qui régissent le patrimoine des communes ne permettent pas aux créanciers des communes de poursuivre contre elles par les voies ordinaires le paiement des condamnations qu'ils ont obtenues. Ils sont toujours obligés de s'adresser à l'autorité administrative pour obtenir l'inscription de leurs créances au budget de la commune. D'ailleurs, les communes n'ont pas la libre disposition des fonds qui constituent leur budget, ces fonds ayant tous une destination dont l'ordre ne peut être interverti et rien ne pouvant être payé à un titre quelconque en dehors des règles de la comptabilité publique auxquelles elles sont soumises.

Au surplus, la loi du 5 avril 1884 prévoit le cas où une commune refuserait de faire droit aux réclamations de ses créanciers, et elle donne à ceux-ci, porteurs d'un titre exécutoire, certains moyens de contraintes. Ils ont notamment le droit de demander à l'autorité supérieure l'inscription d'office de leurs créances au budget communal et ils peuvent même provoquer la vente des biens de la commune en s'adressant au chef de l'État.

Par application des règles qui précèdent et qui constituent une dérogation au principe général posé par les articles 2092 et 2093 du Code civil, aux termes desquels tous les biens d'un débiteur sont le gage commun de ses créanciers: les biens des communes sont insaisissables et ne peuvent faire l'objet ni d'une saisie-exécution ni d'une saisie immobilière. De plus, comme ceux de l'État, ils ne peuvent être frappés utilement de l'hypothèque judiciaire, attendu que le droit de suite et le droit de préférence, sans lesquels l'hypothèque n'existe pas, ne peut s'exercer en ce qui concerne le domaine privé des communes qui se trouvent dans une situation analogue aux biens qui sont soumis au régime dotal. Toutefois, une saisie-arrêt dirigée contre une commune en qualité d'héritière bénéficiaire est valable.

Voir : **Receveurs de deniers communaux. — Saisie-arrêt. — Saisie-exécution. — Transport-cession d'une dette communale.**

D

Délai pour l'exécution des rôles.

Aux termes de l'article 20 du règlement du 15 décembre 1839, le contribuable qui n'a pas acquitté au 1er du mois le douzième échu pour le mois précédent est dans le cas d'être poursuivi et, d'après l'article 21, les poursuites peuvent être exercées après un délai de huit jours. Il ne serait donc pas exact de dire que le rôle n'est exécutoire qu'à l'expiration du délai de trois mois imparti aux contribuables pour réclamer contre l'imposition.

Dépositaires ou détenteurs de deniers affectés au privilége du Trésor.

La loi des 5-18 août 1791 enjoignait aux dépositaires de deniers publics de ne remettre aux ayants droit les sommes séquestrées ou déposées qu'en justifiant du paiement des impositions, les autorisant à payer directement les impôts, mais sans leur en faire l'obligation. Alors est intervenue la loi du 12 novembre 1808, d'après laquelle les huissiers ou dépositaires sont tenus de payer les impôts sur la demande qui leur en est faite.

La jurisprudence a d'abord été divisée sur le point de savoir si la loi de 1808 n'avait pas abrogé la loi de 1791 et certains tribunaux avaient jugé que, depuis la loi de 1808, les huissiers ou dépositaires n'étaient pas obligés de payer les impôts si la demande ne leur en était pas faite; mais il ressort de la combinaison des lois précitées qu'ils ne doivent verser les fonds provenant des ventes aux ayants droit qu'après justification du paiement préalable des contributions. Nonobstant toutes oppositions, ils ne peuvent refuser de payer le percepteur et se borner à consigner les fonds, le vœu de la loi étant d'empêcher tout retard parce que la créance du Trésor prime toutes les autres.

Lorsque des poursuites sont exercées contre un individu pour le recouvrement de contributions inscrites au nom d'une autre personne, le percepteur se fondant sur ce qu'il aurait été détenteur de fruits, loyers ou revenus des immeubles soumis à la contribution et affectés au privilège du Trésor, si cet individu prétend au contraire qu'en acquittant d'ordinaire les impôts dont il s'agit il n'a été que le mandataire du contribuable, sa qualité et la nature des rapports existant entre lui et la personne imposée ne peuvent être appréciées que suivant les règles et les formes du droit civil.

Voir : **Séquestres. — Syndics.**

Droit des pauvres.

Aux termes de l'arrêté du 8 fructidor an XIII, les poursuites à faire pour assurer le recouvrement des droits des pauvres doivent être dirigées suivant le mode fixé par l'arrêté du 16 thermidor an VIII et par les autres lois et règlements relatifs au recouvrement des contributions directes et indirectes.

L'article 13 de l'arrêté du 16 thermidor an VIII, chargeant le préfet de rendre exécutoires les rôles des contributions directes, c'est également au préfet qu'il appartient de donner la force exécutoire aux contraintes décernées par les régisseurs des droits des pauvres pour le recouvrement desdits droits. Il s'agit en effet d'actes administratifs dont les règles relatives à l'indépendance respective des tribunaux et de l'administration interdisent la connaissance, même par voie de référé, à l'autorité judiciaire.

Droits de place ou de stationnement.

Les droits de place ou de stationnement ne peuvent être établis par arrêté du maire approuvé par le préfet, que s'il s'agit de dépendances du domaine municipal. S'il s'agit de dépendances du domaine public de l'État, par exemple de droits de place créés au profit d'une ville, sur les quais d'une rivière navigable, il faut un décret du chef de l'État.

Voir : **Taxes particulières.**

F

Forêts.

Voir : **Bois et forêts.**

Frais de justice.

Aux termes de l'article 1er de la loi du 12 novembre 1808, le privilège du Trésor public s'exerce avant tout autre. Cette règle est absolue et ne comporte qu'une seule exception introduite par la jurisprudence en faveur des frais de justice; mais les frais de justice auxquels est attaché un privilège exceptionnel et comme un droit de prélèvement sont exclusivement ceux qui ont été faits dans l'intérêt de tous les créanciers; on ne saurait donc les opposer au Trésor public s'il est établi qu'à son regard ils ont été inutiles et qu'il n'en a pas profité.

Le privilège du Trésor est régi par des lois qui lui sont propres, il n'est pas soumis aux règles de la procédure ordinaire et il peut s'exercer indépendamment et abstraction faite de la faillite; il suit de là que les seuls frais de justice opposables au Trésor public par le syndic sont ceux, comme les frais d'inventaire, de requête et d'ordonnance pour la vente, qu'il aurait été obligé de faire lui-même pour la réalisation de son gage.

Ces principes, quelque rigoureux qu'ils paraissent au premier abord, ont été consacrés par la jurisprudence de la Cour de cassation et s'expliquent d'ailleurs par la volonté du législateur de 1791 et de 1808, d'assurer, dans l'intérêt public, avant tout et à tout prix le recouvrement de l'impôt.

Fruits et récoltes.

Voir : **Bois et forêts. — Saisie-brandon. — Saisie-exécution. — Ventes.**

G

Griffe.

L'article 673 du Code de procédure civile, en même temps qu'il précise les formalités substantielles à la validité du commandement qui doit précéder la saisie immobilière, exige que l'huissier fasse, « dans le jour, viser l'original par le maire du lieu où le commandement est signifié ». Ce visa est également exigé sur l'original de l'acte de dénonciation de saisie par l'article 677 du même Code.

Mais ces visas ne remplissent le vœu de la loi qu'autant qu'ils émanent du fonctionnaire désigné ou de ceux qui sont chargés légalement de le remplacer et que la signature soit de la main même du fonctionnaire. Aussi l'apposition de cette signature au moyen d'une griffe, dont l'usage peut être confié à un employé, ne présente-t-elle plus les mêmes garanties et entraîne-t-elle la nullité de la procédure.

H

Héritiers.

Tant que les mutations n'ont pas été opérées, l'ancien propriétaire continue à être imposé au rôle et lui ou ses héritiers naturels peuvent être contraints au paiement de l'imposition foncière, sauf leur recours contre le nouveau propriétaire (art. 36 de la loi du 3 frimaire an VII).

Lorsque des héritiers ayant déclaré avoir renoncé à la succession de leur auteur, l'administration exerce néanmoins des poursuites contre eux, il s'élève, dès lors, des questions de propriété et d'hérédité sur lesquelles les tribunaux peuvent seuls statuer.

En matière d'impôt il n'y a pas lieu de distinguer entre l'héritier pur et simple et l'héritier bénéficiaire. Ce dernier est tenu personnellement comme le premier, par l'effet de la saisie, au paiement des contributions assises sur les biens de l'hérédité, sauf à les porter ultérieurement, s'il y a lieu, dans son compte de gestion bénéficiaire.

Voir : **Impôt foncier. — Privilège du Trésor. — Saisie-arrêt.**

Huissiers.

Dès le principe il a été décidé par l'arrêté du 16 thermidor an VIII, pour le recouvrement des contributions directes et l'exercice des contraintes, que les porteurs de contraintes feraient seuls les fonctions d'huissier. Plus tard, l'article 34 du règlement de 1839 édicte, mais en termes moins absolus, que les porteurs de contraintes rempliront les fonctions d'huissier pour les contributions directes. Toutefois, l'article 35 du même règlement permet aux sous-préfets d'autoriser les receveurs des finances à se servir, à défaut de porteurs de contraintes ayant les qualités et les connaissances nécessaires, des huissiers près les tribunaux, pour l'exécution des actes réservés à ces derniers. L'article 35 *bis* dudit règlement ajoute que, dans ce cas, les huissiers doivent être commissionnés porteurs de contraintes.

Cette disposition ne s'entend que des huissiers remplissant les fonctions de porteurs de contraintes dans les arrondissements où il ne se trouve pas de porteurs de contraintes et l'on s'explique facilement qu'en ce cas les huissiers soient munis d'une commission générale.

Toutefois si, aux termes de l'article 35 *ter* du règlement de 1839, les huissiers ne sauraient être forcés d'accepter une commission de porteurs de contraintes, ils peuvent être requis d'exercer contre les redevables les actes de leur ministère. En conséquence, quand il s'agit des poursuites par voie de commandement et de saisie, et alors même qu'il existe des porteurs de contraintes dans un arrondissement, ces poursuites peuvent être exercées par les huissiers, tout aussi bien que par les porteurs de contraintes, lorsqu'ils en sont requis, et elles doivent l'être d'après les formes ordinaires.

Le Conseil d'État consulté à ce sujet a, le 13 août 1841, émis l'avis suivant : « Considérant que la loi impose aux huissiers l'obligation de prêter leur ministère toutes les fois qu'ils en sont requis, que cette règle ne souffre pas d'exception et que les agents du Trésor, chargés du recouvrement des impôts directs, peuvent user de ce droit ; que, s'il est dit dans l'article 18 de l'arrêté du 16 thermidor an VIII que les porteurs de contraintes feront seuls les fonctions d'huissiers pour le service des contributions directes, cette disposition n'a pour but évident que l'avantage des porteurs de contraintes et ne donne nullement aux huissiers le droit de refuser leur ministère aux agents du Trésor. »

I

Impôt foncier. — Privilège du Trésor.

FERMIERS ET LOCATAIRES. — Aux termes de l'article 1er de la loi du 12 novembre 1808, le Trésor public a, pour le recouvrement de l'impôt foncier de l'année échue et de l'année courante, privilège sur les fruits civils et les fruits naturels, sous la double condition qu'ils proviennent de l'immeuble soumis à la contribution et que les deux années à raison desquelles l'impôt est dû ne soient pas écoulées.

L'article 3 de la même loi a imposé aux fermiers et locataires de biens immeubles l'obligation de verser directement aux percepteurs, en l'acquit des redevables, les sommes par eux dues, sur la demande qui leur en est faite.

Voir : **Locataires.**

CHANGEMENT DE PROPRIÉTAIRE. — Cette obligation pour les fermiers et locataires n'est pas restreinte au cas où les redevables sont restés propriétaires des immeubles imposés. Il n'en est pas, en effet, des contributions foncières comme des contributions mobilières dont le privilège ne frappe les meubles qu'autant qu'ils n'ont pas cessé d'être la propriété des redevables.

La saisie pratiquée sur l'acquéreur est régulière en la forme et valable au fond, bien que le rôle ne vise que la personne du précédent propriétaire.

HÉRITIERS BÉNÉFICIAIRES. — *Voir* : **Héritiers.**

COUPES DE BOIS. — *Voir* : **Bois et forêts.**

CONSTRUCTIONS ÉLEVÉES PAR LE LOCATAIRE. — Les lois des 7 frimaire an VII et 15 septembre 1807 ont posé les principes et déterminé les bases de la répartition de l'impôt foncier en distinguant nettement les propriétés bâties de celles qui ne le sont pas. La loi du 29 décembre 1889 régularisant une situation de fait établie par l'administration a créé pour l'impôt foncier une nouvelle classe de terrain à usage industriel et commercial, cotisée d'une façon spéciale. Mais aucune de ces lois ne spécifie que telle ou telle partie de l'impôt foncier ne devra nécessairement rester à la charge du propriétaire du sol comme l'a dit par exemple le décret du 16 mars 1848 pour l'impôt des 45 centimes. Si la contribution foncière assise sur les fruits et revenus des immeubles est une charge de la propriété, elle doit, en principe, être payée par celui qui a la propriété utile. Aussi lorsqu'il s'agit de constructions élevées par le locataire sur le terrain loué, le Conseil d'État rejette d'une façon constante la réclamation du locataire tendant à la décharge d'une partie de l'impôt proportionnel au prix de son loyer; il décide que le locataire est imposé avec raison pour toute l'élévation, c'est-à-dire d'après la valeur locative totale de l'immeuble sous la seule déduction du quart pour dépérissement et de l'évaluation cadastrale attribuée au sol.

En effet, la propriété des constructions constitue pour le locataire du terrain, pendant toute la durée du bail, une propriété particulière que ce locataire peut céder et hypothéquer. Il est donc naturel qu'il paie l'impôt établi en raison de ces constructions mêmes.

Autant il est équitable de faire supporter par le propriétaire du terrain, dans le silence du bail, l'impôt foncier afférent à ce terrain, autant il serait inique de lui faire supporter un impôt qui n'a pris naissance que parce qu'il a plu à son locataire d'élever des constructions dont lui seul profite, si, à l'expiration du bail, le terrain doit être rendu dans l'état où il se trouvait avant la location, sous la réserve du droit pour le propriétaire de payer lesdites constructions à dire d'expert. Toutefois, si les constructions élevées par le locataire devaient revenir au propriétaire sans indemnité à la fin du bail, l'impôt afférent à la propriété bâtie serait, à défaut de conventions contraires, à la charge du propriétaire du sol.

Privilège sur les intérêts du prix de l'immeuble jusqu'à leur immobilisaton. — Dans les ventes autres que celles qui ont lieu sur saisie, le droit de créancier hypothécaire ne s'exerce véritablement que par la sommation de payer ou délaisser ou bien par les notifications.

En conséquence, le créancier hypothécaire ne peut avoir de droits sur les fruits de l'immeuble hypothéqué à la garantie de sa créance ou sur les intérêts du prix qui en sont la représentation, que du jour où son gage est exploité par l'une ou l'autre de ces actions.

Les intérêts du prix de l'immeuble, courus avant les notifications aux créanciers inscrits, sont compris dans la masse à attribuer et constituent la représentation des fruits et revenus sur lesquels l'État a droit pour le recouvrement des contributions. D'un autre côté, l'État, aux termes de l'article 1er de la loi du 12 novembre 1808, doit, pour l'impôt foncier, être colloqué avant toutes autres créances. En tout cas, les créanciers hypothécaires sont sans droit ni qualité pour se faire attribuer, par préférence, les intérêts du prix jusqu'au jour de leur immobilisation et les intérêts non immobilisés doivent, au point de vue du Trésor, être assimilés aux fruits produits par les immeubles, l'adjudication ne pouvant avoir pour effet de soustraire les revenus au privilège du Trésor public.

PRODUITS D'UNE CARRIÈRE. — Le privilège du Trésor, d'après la loi du 12 novembre 1808, s'exerce sur les récoltes, fruits et loyers, revenus et produits des immeubles assujettis. Mais les pierres extraites d'une carrière ne sauraient être considérées comme un produit du sol ou un fruit susceptible d'être, par privilège, affecté à l'acquittement de l'impôt. Un fruit ou produit du sol est ce qui renaît ou se renouvelle à des intervalles à peu près périodiques sur la face de la terre et il ne saurait en être de même des matières extraites du sous-sol, lesquelles constituent ce sol lui-même sur lequel aucune loi ne donne privilège au Trésor pour le recouvrement des contributions directes et qui disparaît en quelque sorte par morceaux au fur et à mesure que les extractions opérées épuisent le gisement.

Il est si vrai que le produit d'une carrière n'est ni un fruit naturel ou civil ni encore un produit du sol, que l'usufruitier lui-même n'en bénéficie que sous la condition que la carrière soit ouverte et n'a aucun droit d'en ouvrir de nouvelles à titre d'usufruitier.

Si une carrière est susceptible de produire des revenus au sens juridique du mot, c'est lorsqu'elle est louée, parce qu'en ce cas, c'est le prix de location, autrement dit l'achat du droit d'extraction qui constitue un véritable revenu; encore a-t-il été jugé le 16 janvier 1885 par le tribunal de Château-Thierry que le prix de location d'une carrière n'était plus dû lorsque ces matières se trouvaient épuisées, tandis qu'une pareille décision n'aurait pu être prise, s'il se fût agi du prix du bail d'une terre qui aurait cessé de produire les fruits et récoltes ordinaires qu'on se croyait fondé à attendre d'elle.

Immeubles.

Aux termes de la loi du 12 novembre 1808, le privilège accordé au Trésor public en matière de contributions directes, ne s'étend que sur les meubles et fruits. Les droits du Trésor ne peuvent donc s'exercer sur les immeubles que concurremment avec les autres créanciers et l'ordre à établir entre ces créanciers est de la compétence des tribunaux.

Mais les intérêts du prix de l'immeuble vendu, courus avant les notifications aux créanciers inscrits, sont compris dans la somme à distribuer et constituent la représentation des fruits et revenus sur lesquels l'État a droit pour le recouvrement des contributions.

Voir : **Impôt foncier.**

Immeubles par destination.

Les objets mobiliers par leur nature qui n'ont acquis le caractère d'immeubles par destination que par leur adhésion à un immeuble proprement dit, perdent nécessairement ce caractère et reprennent leur qualité naturelle de meubles, lorsque, par la volonté du propriétaire usant de son droit, ces objets sont détachés de l'immeuble auquel ils avaient été unis.

Il en est ainsi notamment lorsque les conditions qui constituent l'immobilisation par destination sont détruites, soit que ces objets soient employés à un autre usage, soit qu'ils soient vendus sans le fonds ou que le fonds soit vendu sans les meubles.

Intérêts.

Les impôts ne peuvent éprouver ni extension, ni retranchement, sauf en vertu d'une loi expresse. De même que la loi n'autorise pas les percepteurs à exiger des intérêts de retard, elle n'alloue dans aucun cas les intérêts des sommes à restituer pour perceptions erronées.

L

Légalité de l'impôt.

Aux termes de l'article 94 de la loi du 15 mai 1818, reproduit dans toutes les lois annuelles de finances, une action en répétition est ouverte aux contribuables contre tous receveurs, percepteurs ou individus qui auraient fait la perception de toutes contributions directes ou indirectes autres que celles autorisées par lesdites lois.

Il n'est pas contestable que l'autorité judiciaire ait le droit, lorsqu'elle est saisie d'une action en répétition, de vérifier si l'impôt à été légalement établi et de rechercher quelle est l'étendue des obligations que la loi susvisée impose aux comptables et, par suite, dans quelle limite leur responsabilité personnelle peut être engagée.

L'action en répétition n'est admise que si le comptable a perçu une contribution non autorisée par la loi de finances. Pour apprécier dans quel cas le percepteur ou le receveur sera personnellement tenu de la restitution d'une perception illégale, il faut donc rechercher ce que le législateur a entendu par contribution non autorisée. On ne saurait mieux faire à cet égard que de se référer aux travaux préparatoires de la loi dont il s'agit. Il en résulte qu'une contribution non autorisée est celle qui n'a pas été établie et mise à exécution par les pouvoirs compétents.

Dans la discussion de la loi budgétaire de 1817, à l'occasion d'un article qui donnait aux contribuables l'action en restitution relativement aux contributions autres que celles autorisées par la loi et qui est devenu, en 1818, l'article 94 précité, un orateur s'exprimait ainsi: « Quelle est l'intention de l'article que nous discutons ? « N'est-ce pas de garantir les contribuables de toute imposition qui ne serait pas ordonnée conformément à « l'article 48 de la Charte, avec le concours des deux « Chambres? »

Le sens de la loi se trouve ainsi fixé d'une manière bien précise et bien claire; par les mesures sévères qu'il a édictées contre les autorités qui ordonneraient les contributions non autorisées, les employés qui confectionneraient les rôles et les tarifs, et ceux qui en effectueraient le recouvrement, le législateur a voulu prévenir le retour des exactions qui s'étaient produites dans le passé, et empêcher la perception d'un impôt qui n'aurait pas été sanctionné par les pouvoirs publics.

Il suit de là que la responsabilité personnelle des comptables est engagée s'ils ont perçu une contribution directe ou indirecte qui n'est pas autorisée par la loi de finances ou dont les rôles et tarifs n'ont pas été établis par l'autorité compétente.

Toutefois, il ne rentre ni dans les attributions, ni dans les obligations du comptable de vérifier si la loi a été bien ou mal appliquée à tel ou tel des citoyens inscrits sur les rôles. Il n'a pas plus, comme receveur, à rechercher les usages sur la matière et à apprécier la comptabilité communale que, comme percepteur, à vérifier si les contribuables portés sur le rôle des patentes y sont régulièrement inscrits.

Liquidateurs judiciaires.

En vertu de l'article 1er de la loi du 12 novembre 1808, le privilège du Trésor s'exerce avant tout autre sur tous les meubles et autres effets mobiliers appartenant aux redevables en quelque lieu qu'ils se trouvent. Ces termes absolus ne permettent de faire passer avant les sommes dues au Trésor ni la créance du bailleur, ni même les frais de justice, sauf ceux faits pour la réalisation du gage.

Conséquemment, si un liquidateur judiciaire, bien que mis en demeure par le percepteur de prélever le montant des contributions sur le produit de la liquidation, acquitte néanmoins les loyers, il peut être poursuivi personnellement en paiement des contributions.

L'article 443 du Code de commerce autorise exceptionnellement les voies d'exécution contre la masse de la faillite au profit de certains créanciers gagistes. Ces créanciers ont un intérêt légitime à agir directement, sans attendre l'action des syndics. Ayant un droit exclusif aux objets spécialement affectés à la sûreté de leurs créances, la masse ne saurait souffrir de l'exercice de leurs actions.

Les exceptions autorisées par la loi des faillites doivent être admises dans la liquidation judiciaire, soit en vertu de l'article 24 de la loi du 4 mars 1889 qui soumet la liquidation judiciaire au droit commun des faillites, soit en exécution de la loi du 4 avril 1890 qui a réservé spécialement l'action des créanciers privilégiés.

Voir : **Frais de justice.**

Locataires.

L'article 2 de la loi du 12 novembre 1808 impose aux locataires l'obligation de payer les contributions en l'acquit des redevables et sur le montant des fonds qu'ils doivent. Cet article ne fait que compléter et assurer l'application de l'article premier, aux termes duquel le Trésor public a, pour le recouvrement des contributions directes, un privilège sur les revenus des immeubles sujets à la contribution. Ce privilège n'est soumis à aucune formalité d'inscription et il ne saurait être paralysé par la cession des loyers sur lesquels il porte.

La signification de ces actes au locataire ne crée point, en faveur des cessionnaires, une antériorité opposable à l'administration à l'égard de laquelle ledit locataire demeure comptable de ses loyers.

M

Mobilier.

Voir : **Objets saisissables. — Ventes.**

O

Objets saisissables.

Si les livres relatifs à la profession du redevable, un médecin par exemple, ne peuvent être saisis, ce privilège ne peut être étendu au meuble destiné à les recevoir, puisqu'ils peuvent être aménagés et conservés avec une installation différente.

On ne saurait non plus assimiler aux objets énumérés dans le n° 4 de l'article 592 du Code de procédure les objets mobiliers garnissant l'appartement occupé par le redevable, sans relation même éloignée avec l'exercice de sa profession.

P

Plaintes adressées par les contribuables.

Si, d'après les dispositions des articles 25 et 26 de l'arrêté du Gouvernement du 16 thermidor an VIII, les contribuables peuvent adresser leurs plaintes à l'autorité administrative, contre les porteurs de contraintes qui se seraient mal conduits à leur égard, sauf à cette autorité à renvoyer les pièces devant les juges compétents dans le cas où les délits donneraient lieu à des poursuites extraordinaires, il ne s'ensuit pas que les parties lésées ne puissent, dans ce dernier cas, saisir directement les tribunaux compétents.

Plus-pétition.

Voir: **Amendes. — Commandements. — Saisie-exécution.**

Portes et fenêtres.

Le privilège du Trésor public pour la contribution des portes et fenêtres s'étend sur tous les meubles et autres objets mobiliers des redevables.

Si l'autorité judiciaire est incompétente pour statuer sur toutes les difficultés qui peuvent se produire à l'occasion de la perception des contributions entre l'administration et le contribuable, il ne saurait en être ainsi lorsqu'il s'agit de l'application de la dernière disposition de l'article 12 de la loi du 4 frimaire an VII et de l'action en remboursement que cette loi autorise.

L'article 12 décide que la contribution des portes et fenêtres sera exigible contre les propriétaires et usufruitiers, fermiers et locataires principaux des maisons, bâtiments et usines, sauf leur recours contre les locataires particuliers pour le recouvrement de la somme due à raison des locaux par eux occupés. Cette disposition est générale et s'applique à toute location de quelque nature qu'elle soit; la loi a voulu créer un impôt afférent à la jouissance des lieux habités et a entendu le faire supporter par l'habitant, quel que soit le caractère des conventions passées entre ce dernier et le propriétaire. Pour des motifs de perception elle s'est, il est vrai, réservé une action directe contre celui qui acquitte l'impôt foncier, mais il importe peu de rechercher sous quelle forme la jouissance a été accordée et quelle est la nature du prix de location, puisqu'en aucun cas, sauf conventions contraires, la loi n'a voulu que cet impôt demeurât à la charge du propriétaire.

Toutefois, et bien qu'il soit de principe que cette contribution est à la charge du preneur et si le bailleur qui en a fait l'avance a une action pour en réclamer le remboursement, cette règle peut recevoir une dérogation par une convention explicite ou implicite des parties. Les contrats s'interprètent en effet par la commune intention des parties et par l'exécution qui leur est donnée. Ainsi, il y a lieu d'admettre que le locataire a été affranchi de son obligation lorsque le bail est muet sur ce point, alors que d'autres baux du même immeuble imposent l'obligation au preneur de supporter la contribution des portes et fenêtres et que, pendant une longue période, le bailleur n'a rien réclamé de ce chef.

Voir : **Privilège.**

Porteurs de contraintes.

Les seuls paiements valablement faits par les contribuables sont ceux faits dans les bureaux de la perception et non entre les mains des porteurs de contraintes qui sont sans qualité pour recevoir. Les contribuables qui paieraient entre leurs mains s'exposeraient à payer deux fois.

Les porteurs de contraintes sont huissiers des contributions directes; ils sont dès lors officiers ministériels dans l'exercice de leurs fonctions et les outrages qui leur sont adressés dans cet exercice, par paroles, gestes ou menaces, sont prévus et réprimés par l'article 224 du Code pénal.

Voir : **Commandements. — Huissiers. — Plaintes. — Saisie-exécution.**

Poursuites.

L'autorité judiciaire n'est pas compétente sur la question de savoir si les poursuites qui ont précédé le commandement sont régulières et si le contribuable est réellement débiteur.

Dans ce cas, le contribuable poursuivi doit s'adresser à l'administration qui est compétente pour décider, non seulement si la contrainte est régulière en la forme, mais s'il est tenu réellement des contributions qui font l'objet de la poursuite.

Si le contribuable conteste, au contraire, la régularité des poursuites à partir du commandement, l'autorité judiciaire est compétente, parce que les actes relatifs à ces poursuites doivent être conformes au Code de procédure civile, et sont régis en conséquence par le droit commun.

Lorsqu'il s'agit d'une contestation sur l'application des lois des 5-18 août 1791 et du 12 novembre 1808, relatives au privilège du Trésor public pour le recouvrement des contributions directes, c'est également à l'autorité judiciaire qu'il appartient, d'après lesdites lois, de statuer sur la validité du commandement, sauf à elle à renvoyer à la juridiction compétente la connaissance des questions préjudicielles qui pourraient s'élever, soit sur l'exigibilité de la taxe, soit relativement aux actes administratifs intervenus à l'occasion de sa perception.

Prescription triennale.

PRESCRIPTION OPPOSABLE AU PERCEPTEUR QUI A SOLDÉ SES RÔLES A L'EXPIRATION DE LA TROISIÈME ANNÉE. — Le percepteur étant, aux termes des règlements administratifs, dans l'obligation de solder, à l'expiration de la troisième année de l'émission des rôles, les cotes non recouvrées sur les contribuables, se trouve, par l'effet de ce paiement, subrogé aux droits et actions qui appartiennent au Trésor public, créancier primitif (art. 1250 du Code civil); il est dès lors manifeste que, par voie de réciprocité, le comptable reste soumis aux mêmes exceptions que le Trésor et que, notamment, la prescription de trois ans peut lui être utilement opposée.

PRESCRIPTION OPPOSABLE EN MATIÈRE DE TAXES PARTICULIÈRES ET MUNICIPALES. — Aux termes de l'article 149 de la loi du 3 frimaire an VII, les percepteurs qui ont laissé passer trois années à compter du jour de la remise des rôles, sans faire de poursuites contre un contribuable, sont déchus de tous droits et de toute action contre lui. Cette règle n'est pas spéciale à la matière de l'impôt foncier, l'article 17 de l'arrêté du 16 thermidor an VIII en ayant étendu l'application aux contributions directes.

Enfin l'article 44 de la loi du 18 juillet 1837 dispose que les taxes particulières dues par les propriétaires, en vertu des lois et usages locaux, sont perçus suivant les formes établies pour le recouvrement des contributions directes.

En conséquence, l'assujetti peut opposer à la réclamation du percepteur ou du receveur municipal la prescription établie par les lois fiscales et subsidiairement celle qui a été édictée par l'article 2277 du Code civil.

Privilège.

Il n'appartient qu'aux tribunaux civils de statuer sur une question de privilège et les conseils de préfecture excéderaient leurs pouvoirs en statuant au fond sur une réclamation de l'espèce.

Lorsque la régie des douanes et la régie des contributions directes se trouvent en concours sur les biens du même débiteur pour l'exercice de leur privilège, le privilège de cette dernière régie prime celui de la première.

Le Trésor a privilège, pour le recouvrement des contributions mobilières et des patentes, sur les sommes dues à un locataire principal à titre de loyers et le percepteur a le droit de sommer les débiteurs de ces sommes d'avoir à les verser entre ses mains, en l'acquit du redevable.

Pour nier le privilège du Trésor sur les sommes saisies, on invoquerait en vain une disposition de l'article 1er de la loi du 12 novembre 1808, d'après laquelle les loyers des immeubles sont affectés par privilège au paiement de la contribution foncière établie sur cet immeuble. C'est vainement aussi qu'on en tirerait cette conclusion que, puisque les loyers garantissent la contribution foncière, ils ne peuvent garantir également la contribution mobilière. Cette déduction ne reposerait sur aucune base sérieuse et il semble plus juste de dire que les loyers garantissent les deux natures de contributions lorsque c'est le créancier des loyers qui est débiteur personnel desdites contributions.

Les loyers peuvent être envisagés sous deux aspects:

ou bien comme constituant le revenu de l'immeuble, ou bien comme une créance faisant partie du patrimoine de celui à qui ils sont dus. Si on les considère comme revenus de l'immeuble, ils sont affectés au paiement de la contribution foncière assise sur celui-ci, sans que l'on ait à rechercher s'ils appartiennent ou non au débiteur de cette cotisation : ainsi, à la suite d'une vente, les revenus courants qui sont la propriété de l'acquéreur restent grevés du privilège pour le paiement des contributions arriérées restant dues par le vendeur. Si maintenant on considère les loyers par rapport au créancier à qui ils sont dus, ils sont affectés au paiement de ses contributions personnelle ou mobilière, comme pourrait l'être une créance de toute autre nature faisant partie de son avoir.

Le privilège du Trésor pour le paiement des contributions des portes et fenêtres et autres contributions directes et personnelles s'étend sur tous les meubles et autres effets mobiliers des redevables, aux termes de la loi du 12 novembre 1808, et notamment sur le prix d'objets mobiliers mêmes vendus antérieurement à l'époque où la dette a pris naissance, mais tant que ce prix est resté le patrimoine du débiteur et n'a pas été réparti entre ses créanciers.

Le privilège du Trésor s'exerçant avant tous autres sauf dans certains cas limitativement déterminés par la loi, et aucune exception n'ayant été apportée en faveur du créancier gagiste si ce n'est par l'article 8 de la loi du 28 mai 1858 sur les marchandises déposées dans les magasins généraux afin de donner une plus grande sécurité aux porteurs de warrants, le créancier gagiste rentre dans le droit commun et se trouve primé par le Trésor.

Voir : **Impôt foncier. — Portes et fenêtres.**

R

Receveurs de deniers communaux.

Toute saisie-arrêt ou opposition faite entre les mains des receveurs dépositaires ou administrateurs de caisses ou deniers publics est nulle et de nul effet lorsque l'original n'a pas été visé par la personne préposée pour recevoir l'exploit, ou, en cas de refus, par le Procureur de la République (art. 561 du Code de procédure civile).

Les receveurs de deniers communaux sont placés sur la même ligne que les receveurs des deniers de l'État. Soumis, comme ces derniers, aux règles de la comptabilité publique, ils doivent être considérés comme receveurs, dépositaires ou administrateurs de deniers publics dans le sens de l'article 561 précité.

Voir : **Créanciers des communes. — Transport-cession d'une dette communale.**

Récoltes sur pied et fruits pendants par branches et par racines.

Voir : **Ventes.**

Répétition de l'indû.

La répétition de l'indû ne s'exerce, aux termes des principes généraux du droit, que contre le bénéficiaire des sommes indûment payées. Néanmoins, aux termes de la disposition finale insérée dans les lois annuelles de finances, les percepteurs des taxes indûment perçues se trouvent soumis non seulement à des poursuites criminelles, mais encore, bien qu'ils n'aient pas bénéficié des taxes, à une répétition civile et personnelle. Mais, pour que cette responsabilité prenne naissance, il faut qu'une faute soit imputable au percepteur, c'est-à-dire qu'il ait perçu une taxe non autorisée par les pouvoirs publics ou compétents.

Voir : **Actions en répétition. — Intérêts. — Légalité de l'impôt.**

Revendication de meubles et objets saisis.

Toute opposition formée par un tiers à fin de revendication d'objets saisis donne lieu à une question de propriété qui, par sa nature, est de la compétence de l'autorité judiciaire.

Les demandes en revendication sont nulles si, conformément à l'article 608 du Code de procédure civile, elles n'énoncent pas les preuves de propriété sur lesquelles elles s'appuient. Cette omission peut entraîner d'autant plus la nullité de l'opposition aux poursuites qu'elle n'a pas été réparée en cours d'instance.

En cas de revendication des meubles et effets saisis sur les redevables de contributions directes, même lorsqu'il s'agit de meubles déclarés insaisissables, l'opposition n'est portée devant les tribunaux qu'après avoir été, conformément à la loi du 12 novembre 1808, déférée à l'autorité administrative, c'est-à-dire au préfet. Mais cette disposition ne change pas l'ordre des juridictions; elle prescrit seulement une formalité préalable au jugement et dont l'inobservation ne peut entraîner que l'annulation de la procédure.

Le tribunal d'Aix a jugé, le 2 mars 1892, que l'obligation de soumettre l'affaire au préfet incombant, d'après la loi de 1808, *aux parties intéressées*, expression qui lui a paru désigner le percepteur aussi bien que le revendiquant, l'agent du Trésor était responsable du défaut de présentation de mémoire, loin de pouvoir s'en prévaloir pour faire écarter la demande du réclamant; en conséquence, il a imparti un délai de deux mois pour que les formalités imposées par la loi soient remplies; mais ce jugement a été réformé par la cour d'appel d'Aix le 27 mai 1893.

En effet, l'article 15 de la loi du 5 novembre 1790 porte que: « Il ne pourra être exercé aucune action contre le procureur syndic en sadite qualité, par qui que ce soit, sans qu'au préalable on se soit pourvu, par simple mémoire, d'abord au directoire du district pour donner son avis, ensuite au directoire du département pour donner une décision, aussi *à peine de nullité*. Les directoires de district et de département statueront sur le mémoire dans le mois, à compter du jour qu'il aura été remis, *avec les pièces justificatives*, au secrétariat du district. »

Or, chacune des parties a incontestablement le droit d'adresser le mémoire prescrit à l'autorité administrative, mais il est logique de retenir que l'obligation formelle de le déposer s'impose au revendiquant. D'un autre côté, le dépôt de ce mémoire ne peut avoir d'autre utilité que de mettre le préfet à même d'apprécier si la demande en revendication lui paraît fondée ou non et s'il doit laisser poursuivre l'action ou l'arrêter en donnant l'ordre de renoncer à la saisie. Cette appréciation ne peut être faite que sur le vu des motifs ou des moyens invoqués à l'appui de la revendication, lesquels ne peuvent évidemment être portés à sa connaissance que par le revendiquant lui-même.

S

Saisie-arrêt.

Une saisie-arrêt dirigée contre une commune en qualité d'héritière bénéficiaire est valable, attendu que s'il est de principe reconnu et consacré, notamment par l'article 110 de la loi du 5 avril 1884, que la saisie-arrêt ne peut être employée contre l'État et les communes en ce qui concerne les biens entrés dans leur patrimoine, il n'en saurait être ainsi d'une succession non encore liquidée et acceptée par eux sous bénéfice d'inventaire. En ce cas, la séparation des patrimoines, conséquence légale du bénéfice d'inventaire, maintient séparées du patrimoine de la commune ou de l'État les valeurs actives ou passives de cette succession.

Voir : **Créanciers de communes. — Receveurs des deniers communaux.**

Saisie-brandon.

Lorsqu'un vigneron fait une vigne à moitié fruits, le percepteur ne peut saisir-brandonner la récolte quand elle n'est pas vendangée, puisque la vigne n'a pas cessé d'appartenir au propriétaire qui, aux termes de conventions intervenues entre lui et son vigneron, doit le payer en nature et non en argent.

Voir : **Bois et forêts. — Ventes.**

Saisie-exécution.

La voie de la saisie-exécution n'est ouverte au créancier qu'autant que les meubles qu'il veut saisir-exécuter sont encore aux mains de son débiteur; s'ils sont détenus par un tiers, il ne peut être procédé que par voie de saisie-arrêt.

Délai a observer a dater du commandement. — Sauf le cas où un percepteur peut établir que le redevable a tenté de déménager furtivement, il ne peut être procédé à la saisie-exécution qu'après un délai de trois jours à dater du commandement. Si donc l'abréviation des délais de saisie n'est pas suffisamment justifiée, l'opposition du redevable peut être déclarée bonne et valable.

Omission de l'indication du jour de la vente dans le procès-verbal de saisie. — Aux termes de l'article 595 du Code de procédure civile, l'huissier doit indiquer, dans le procès-verbal de la saisie, le jour de la vente, mais la loi ne prononce pas la nullité en cas d'omission de cette formalité. Toutefois, et si la nullité ne peut être prononcée, la partie saisie qui n'a pas été légalement prévenue du jour de la vente est recevable à demander des dommages-intérêts à la condition qu'elle puisse établir que cette omission lui a causé un préjudice. Mais il n'y aurait lieu d'accorder aucuns dommages-intérêts si, par exemple, il résultait du procès-verbal de récolement que c'est en sa présence que ce récolement a eu lieu et que le mobilier a été enlevé et conduit au marché sans opposition de sa part.

Saisie pour une somme supérieure aux causes du commandement. — De l'article 583 du Code de procédure civile il résulte que toute saisie-exécution doit être précédée d'un commandement contenant notification du titre. Par conséquent le percepteur viole cet article si, au moment de la saisie, il réclame une somme supérieure à celle qui figurait parmi les causes du commandement. La violation de ce principe entraîne la nullité partielle de la saisie.

Toutefois, quand de nouveaux douzièmes viennent à échoir avant l'acquittement de ceux pour lesquels le redevable a reçu un commandement, il n'est pas nécessaire de faire un nouveau commandement pour ces nouveaux douzièmes. La poursuite peut être continuée en vertu du premier, surtout quand on y a inséré la réserve des termes à échoir.

Voir : **Commandement. — Objets saisissables. — Usufruit de choses mobilières.**

Saisie pratiquée dans une église. — Les fabriques sont des établissements publics placés sous la tutelle de l'administration et dont les biens sont, au point de vue de la gestion, assimilés à ceux des communes. L'assimilation, aux termes des lois et règlements spéciaux à la matière, est complète. Il s'ensuit que l'exécution des jugements ne peut être poursuivie contre les fabriques que dans les mêmes conditions et dans les mêmes formes que contre les communes. C'est à l'administration supérieure qu'est réservé le soin de régler le mode suivant lequel seront payées les dettes des fabriques aussi bien que celles des communes. C'est également à l'administration supérieure qu'un créancier qui veut se faire payer doit s'adresser d'abord pour lui demander d'assigner des ressources suffisantes pour l'acquittement de sa créance. L'ordre public est intéressé à l'observation de ces règles indispensables au bon fonctionnement des services publics.

En ce qui concerne les revenus on ne peut agir par voie de saisie. Or, le créancier qui ne peut saisir les revenus ne saurait avoir la prétention de saisir les objets mobiliers qui, comme les chaises, par exemple, sont eux-mêmes une source de revenus pour la fabrique. Il n'y a pas lieu de s'arrêter aux objections tirées, soit de la nature de la créance, soit du caractère des objets saisis qui ne seraient pas indispensables au culte, la règle est absolue et ne comporte aucune exception.

Validité. — Lorsqu'il s'agit uniquement d'apprécier la validité d'une saisie-exécution, et de voir s'il y a eu ou non violation des formalités prescrites à peine de nullité par le Code de procédure civile, l'examen et la solution de cette question appartiennent incontestablement à l'autorité judiciaire.

Il en est de même des questions se référant à la propriété d'effets et de récoltes saisis et à l'immobilisation de fruits et récoltes.

Séquestre judiciaire.

Aux termes du décret du 18 août 1791, les séquestres ne doivent remettre aux ayants droit les sommes séquestrées qu'en justifiant du paiement des impositions mobilières dues par les personnes du chef desquelles lesdites sommes sont provenues. Ils sont même autorisés à payer directement les contributions qui se trouveraient dues, avant de procéder à la délivrance des deniers, et les quittances desdites contributions leur sont passées en compte.

Syndics.

La créance du Trésor ne peut souffrir aucune altération par suite de la faillite du redevable et les articles du Code de commerce relatifs aux faillites ne peuvent s'appliquer aux droits du Trésor, à l'égard duquel il a été établi des formes particulières de procéder. C'est toujours, en effet, par la voie de contraintes que le Trésor public doit exercer ses actions, ce qui engage nécessairement l'affaire devant les tribunaux ordinaires sur les oppositions qui peuvent y être formées. Il a été jugé notamment que le percepteur qui réclame au syndic d'une faillite les impôts restant dus par le failli n'est nullement obligé de faire vérifier sa créance et de subir les formalités édictées par le Code de commerce (Nancy, 31 décembre 1875), que le syndic est obligé de souffrir l'exécution d'une contrainte décernée contre le failli qu'il représente, par la vente des meubles du redevable et le versement des deniers dans la caisse du Trésor jusqu'à due concurrence, avant tout autre créancier.

Le concordat consenti à un failli ne peut être opposé au Trésor qui a, par suite, le droit d'obtenir le montant intégral de sa créance privilégiée.

Lorsqu'un syndic a ou a eu entre les mains une somme nécessaire pour désintéresser le Trésor, il n'y a pas lieu de rechercher si le paiement des contributions a été l'objet, de la part du percepteur, d'une demande régulière. En effet, le décret du 5 août 1791 impose au syndic l'obligation de ne pas se dessaisir avant de s'être assuré du paiement de l'impôt. Ce décret est toujours en vigueur, il n'a pas été abrogé par la loi du 12 novembre 1808, il a été expressément visé par la loi du 18 juin 1843 sur le tarif des commissaires-priseurs et la Cour de cassation, dans un arrêt du 22 mai 1883, en a formellement reconnu la légalité.

Voir : **Frais de justice.**

T

Taxe de mainmorte.

En principe, et à moins d'une clause spéciale du bail, le droit de mainmorte, qui est régi par les lois des 22 février 1849 et 30 mars 1872, incombe au propriétaire de l'immeuble donné en location, comme l'impôt foncier auquel il est assimilé pour l'établissement et pour la perception.

Taxes assimilées aux contributions directes.

L'article 1er de la loi du 12 novembre 1808, après avoir attribué un privilège sur tous les meubles à la perception des contributions mobilières et des patentes, étend ce privilège à toute contribution directe et personnelle quelle qu'elle soit.

Sous peine de ne donner aucun sens à cette disposition finale et de la laisser sans application, il faut comprendre parmi les contributions directes toutes contributions ou taxes perçues au moyen d'un rôle nominatif et rendues exécutoires par la loi annuelle de finances.

Il en est ainsi des taxes pour les chevaux et voitures, les vélocipèdes, la taxe militaire, les chiens et les prestations. Les deux dernières profitent exclusivement à la commune, mais les taxes communales peuvent être considérées comme formant un élément du Trésor public.

Voir : **Répétition de l'indû. — Trésoriers des cercles, etc.**

Taxes municipales.

Aux termes de l'article 7 de la loi du 11 frimaire an VII et de l'article 133, § 7, de la loi du 5 avril 1884, les recettes communales se composent du produit de la location des places dans les halles, les marchés, les chantiers, sur les rivières, les ports et les promenades et autres lieux publics ; et la perception de ces droits rentre dans la catégorie des impôts indirects.

Les tribunaux civils appelés à statuer sur la perception d'une taxe municipale sont compétents pour apprécier la légalité des actes qui les établissent.

En cas d'opposition à contrainte, l'assignation à comparaître doit, à peine de nullité, être donnée à jour fixe dans la huitaine et non à huitaine franche.

Voir : **Droits de place. — Perception triennale.**

Tiers détenteurs.

Si les conseils de préfecture sont, en principe, chargés du contentieux des contributions, ce principe ne s'applique d'une manière absolue que vis-à-vis du contribuable. Lorsqu'il s'agit d'un tiers détenteur, tant que la détention n'est pas établie, il est justiciable des tribunaux civils.

Voir : **Dépositaires. — Ventes.**

Transport-cession d'une dette communale signifié au receveur municipal.

En ordonnant de signifier la cession au débiteur cédé, l'article 1690 du Code civil a eu surtout pour objet d'empêcher que ce débiteur ne se libère entre les mains du créancier originaire, le seul qu'il connaisse, au préjudice du nouveau créancier, dont l'existence lui resterait inconnue si le transport ne lui était pas notifié. Ce but est atteint par la signification au débiteur, lorsque ce débiteur, comme c'est le cas le plus général, est en même temps le détenteur des fonds qui doivent servir au paiement.

Il en est autrement lorsque les fonds destinés à acquitter la dette sont déposés en mains tierces, parce qu'alors ce dépositaire, ignorant la signification faite au débiteur, n'aurait aucune raison pour ne pas s'acquitter entre les mains du premier créancier qui a cessé, à son insu, d'être le titulaire de la créance dont le recouvrement lui est demandé; d'où il résulte que, pour satisfaire au vœu de la loi, ce n'est pas au maire de la commune que le transport doit être signifié, mais bien au receveur municipal qui est le détenteur et le seul détenteur des deniers de la commune. Cette qualité lui est conférée par l'article 153 de la loi du 5 avril 1884 qui le charge seul et sous sa responsabilité d'acquitter les dépenses ordonnancées par le maire, ce dernier n'ayant en aucune façon le maniement des fonds communaux et ne pouvant même s'y ingérer.

Trésoriers des cercles, sociétés et lieux de réunion.

Il est de principe que tous dépositaires de deniers de redevables sont tenus de payer en leur acquit le montant de leurs contributions. Les trésoriers des cercles, sociétés et lieux de réunion chargés de recouvrer les cotisations et comme tels détenteurs des deniers des sociétaires doivent commencer par payer l'impôt. C'est en vain qu'un trésorier prétendrait que toutes les cotisations ne sont pas rentrées; aux termes de l'article 9 de la loi du 16 septembre 1871, les taxes sont acquittées par les gérants, secrétaires ou trésoriers, c'est-à-dire par le collecteur des cotisations. Si ce dernier n'a pas fait toutes diligences pour le recouvrement des cotisations, la faute en est à lui et il n'y a, sur ce point, qu'à lui réserver son recours contre les sociétaires qui n'ont pas payé. Il doit donc, à ce point de vue, être déclaré personnellement responsable des contributions.

U

Usufruit de choses mobilières.

L'article 589 du Code civil dispose que si l'usufruit comprend des choses qui, sans se consommer de suite, se détériorent par l'usage, l'usufruitier n'a le droit de s'en servir que pour l'usage auquel elles sont destinées, sans les détériorer par un dol ou par sa faute.

Ces principes, conformes à ceux de l'ancien droit, avaient constamment fait admettre dans la pratique que l'usufruitier ne pouvait ni vendre, ni louer à des tiers l'usage des choses mobilières et classées dans la catégorie de l'article précité. Or, le créancier ne pouvant exercer plus de droits que n'en a son débiteur lui-même sur les objets dont il a la jouissance, la même jurisprudence prohibait toute saisie mobilière et, par suite, la vente à des tiers des choses mobilières de la nature de celles énoncées dans l'article 589 et dont le débiteur n'avait que l'usufruit.

Les mêmes motifs de décision subsistent sous l'empire du Code; l'article 608 du Code de procédure civile et les principes ci-dessus établis autorisent les ayants cause à s'opposer à la saisie pratiquée par le percepteur et à la vente des effets mobiliers dont la nue propriété leur est assurée par un acte authentique.

V

Ventes.

Meubles appartenant a un tiers. — Si, au moment d'une saisie, le débiteur ne fait aucune déclaration relative à un meuble qui ne lui appartient pas, c'est à bon droit que le commissaire-priseur procède à la vente alors que le débiteur ne fait cette déclaration que le jour même de la vente et sans produire aucune justification de son dire. Le propriétaire du meuble saisi et vendu dans ces conditions, n'ayant rempli aucune des formalités voulues par la loi pour sauvegarder ses droits, ne serait pas fondé à actionner l'officier ministériel en dommages-intérêts.

Récoltes sur pied et fruits pendants par branches et par racines. — Une vente publique judiciaire de récoltes sur pied et fruits pendants par branches et par racines est une vente mobilière. A ce titre, elle doit être faite par les commissaires-priseurs à l'exclusion de tous autres officiers publics, au lieu de leur résidence.

Vente du mobilier avant saisie. — Aucune loi n'interdit au redevable de disposer de son mobilier, même après une contrainte décernée contre lui, tant que ce mobilier n'a pas encore été mis sous la main de la justice par une saisie exercée à son préjudice. Si donc il est établi que la vente n'est ni frauduleuse, ni même simulée, l'effet peut en être maintenu.

Voir : **Commandements. — Saisie-exécution.**

VENTES MOBILIÈRES. — Le percepteur qui procéderait à une vente à la suite d'une procédure irrégulière, commettrait une faute et serait passible de dommages-intérêts envers la partie.

Le commissaire-priseur qui procède à une vente mobilière, même volontaire, et se dessaisit du produit de la vente sans s'assurer au préalable si les contributions privilégiées ont été acquittées est personnellement responsable et, à ce titre, peut être légalement poursuivi en paiement desdites contributions.

Lorsqu'un contribuable qui a vendu des meubles affectés au privilège du Trésor a reçu en paiement un billet souscrit par l'acquéreur, l'huissier chargé du recouvrement de ce billet, pas plus que celui au profit duquel il a été endossé, ne doit être considéré comme un tiers détenteur, dans le sens de la loi du 12 novembre 1808. C'est à tort qu'un percepteur emploierait dans ce cas, à l'égard de l'huissier, la procédure de la sommation à tiers détenteur.

La vente doit être discontinuée aussitôt que son produit est suffisant pour solder le montant en principal et frais des causes de l'exécution. En négligeant de se conformer à ces prescriptions le percepteur commet une faute dont il est responsable.

Le nom du contribuable débiteur ne doit pas figurer sur les affiches annonçant la vente. Le porteur de contraintes qui contrevient aux dispositions de l'article 618 du Code de procédure civile peut être actionné en paiement de dommages-intérêts.

Nancy, imp. Berger-Levrault et Cie.

www.ingramcontent.com/pod-product-compliance
Ingram Content Group UK Ltd.
Pitfield, Milton Keynes, MK11 3LW, UK
UKHW020341220726
13923UKWH00004B/1516